Desayuno con Dios

Rubino

EDITORIAL

Vida

DEDICADOS A LA EXCELENCIA

La misión de Editorial Vida es proporcionar los recursos necesarios a fin de alcanzar a las personas para Jesucristo y ayudarlas a crecer en su fe.

ISBN 0-8297-0351-9

Categoría: Devocional

Este libro fue publicado en portugués con el título *Café com Deus* por Ruben Pirola Filho

© 1994 por Ruben Pirola Filho

Edición en idioma español
© 1996 EDITORIAL VIDA
Deerfield Beach, Florida 33442-8134

Todas las citas bíblicas son tomadas de la Versión Reina-Valera 1960

PREFACIO

Rubino fue afortunado en la concepción y
producción de este libro, por el hecho de lograr
reunir dos cualidades esenciales: humor y
verdad. Al leer este libro, podrá "visualizar" y
"discernir" principios bíblicos muy prácticos y
que, muchas veces, debido al exceso de
misticismo y espiritualización, pasan inadvertidos
a los ojos de muchos cristianos.

Por eso lo animo a leer este libro con buen
humor y profundidad espiritual. Es más: procure
que lo lean y conozcan el mayor número de
personas.

Rdo. Caio Fabio de Araujo Filho
Niteroi, abril de 1994.

INTRODUCCIÓN

Este es un libro que debe usarse como guía para su vida espiritual. Nunca imaginé poder escribir sobre esto, toda vez que yo mismo sigo luchando por ahondar más en mi experiencia con Dios mediante la oración, y no creo ser un modelo para nadie. En realidad, sé que este libro servirá como guía, pues el propósito de las lecciones es no perdernos en devaneos y distracciones en los momentos de comunión con el Padre.

Escrito con humor, forma que exploramos durante un buen tiempo en las páginas del "Boletín" informativo de nuestra comunidad, aquí en Minas, para que las verdades brotaran con más fuerza a la vista.

Mi oración es que usted se deleite, y se ponga cada vez más en manos de ese Dios tremendo y maravilloso y su Palabra poderosa. Poderosa al grado de transformar su expectativa de un día terrible, en una agradable y desafiante experiencia con el sustento sobrenatural del Padre.

Que usted no se acomode, y rebusque en los campos llenos de la Palabra, el sustento de cada día. No se quede aprisionado a este libro. Busque cada vez más, y descubrirá que no hay límites en conocer la gracia y el amor de Dios.

Esta es mi oración sincera.

Rubino
Uberlandia, julio de 1994.

A mi amada esposa Betania, fiel (y paciente)
compañera, que siempre me animó a ejercitar
los dones de Dios;

a mis hijas Rebeca y Raquel, que junto con la
madre, me acompañan siempre en todas las
aventuras por las que el Padre nos hace vivir.

y a mis compañeros de casi veinte años de
ministerio, junto a quienes descubrí que el reino
de Dios puede vivirse con buen humor: César,
Chico, Helder, Machado, Marcos, Olsito, Paulo,
Paulo Jr., Ricardo, Ricardy, Ronaldo y
Allan Mullins, nuestro primer entrenador.

Antes de cualquier cosa...

CÓMO COMENZAR SU DÍA

...O CÓMO APROVECHARLO MEJOR, EN EL LUGAR QUE ESTÉ.

Dedique un tiempo a solas con Dios

y esto quiere decir:

¡ORAR Y MEDITAR EN SU PALABRA!

Dios tiene bendiciones increíbles para quien se dispone a esto.

¿SABE POR QUÉ?

¡¡¡Nadie se alimenta una sola vez por semana!!!

...¡y logra mantenerse en pie!

¡Dios explicaba todo en particular a los suyos!

¡y lo sigue haciendo hoy!

"...Y sin parábolas no les hablaba; aunque a sus discípulos en particular les declaraba todo" (Marcos 4:34).

"Cuando venga el Espíritu de verdad, él os guiará a toda verdad" (Juan 16:13).

"Clama a mí, y yo te responderé, y te enseñaré cosas grandes y ocultas que tú no conoces" (Jer. 33:3).

Lo que aprende en la iglesia, puede aplicarlo a su vida, con más fuerza, en particular - ¡entre usted y Dios!

Para comenzar:

1 Ore a Dios, alabándolo por todo lo que ha hecho en su vida (salvación, sustento...).

2 Reconozca su necesidad de ser guiado por el Espíritu Santo, pidiendo que Él le abra los ojos y el corazón para poder entender y aplicar lo que Él le va a mostrar en su Palabra.

3 Medite, con atención, en la CARICATURA de su libro, buscando lo que Dios quiere decirle. Olvide a los demás; si Dios le reveló algo, ¡¡¡el mensaje ante todo es para usted!!! Recuerde meditar y leer con atención, "masticando" las promesas y verdades bíblicas. Una persona que mastica más, se alimenta mejor.

4 Dedique tiempo para oír la voz de Dios.

5 Limpie su corazón de amarguras y resentimientos, perdonando y liberando la gracia de Dios sobre quienes lo lastimaron y ofendieron.

6 Ahora puede orar sobre lo que aprendió (o escuchó) de Dios. Si quiere, puede usar nuestra sugerencia.
Después interceda:
− por sus proyectos personales;
− por su familia;
− por su iglesia (pastores, miembros y proyectos especiales);
− por su país
(gobernantes, orden social, justicia, economía y por la salvación del pueblo).

7 Alabe a Dios por la victoria en todas las esferas de su vida, recordando que "en todas las cosas, somos más que vencedores por medio de aquel que nos amó" (Ro. 8:37).

¡Adelante!

" **A**SÍ QUE, HERMANOS, TENIENDO LIBERTAD PARA ENTRAR EN EL LUGAR SANTÍSIMO POR LA SANGRE DE JESUCRISTO, POR EL CAMINO NUEVO Y VIVO QUE ÉL NOS ABRIÓ A TRAVÉS DEL VELO, ESTO ES, DE SU CARNE.." (Heb. 10:19,20).

USTED SE ACERCA A DIOS NO POR SUS OBRAS

● SI HACE COSAS REPROBABLES Y SABE QUE FALLÓ, NO TENGA MIEDO DE ENTRAR EN LA PRESENCIA DE DIOS. ÉL ESTÁ ALLÍ PARA PERDONARLO.

● SI HACE COSASBUENAS Y DIGNAS, NO SEA PRESUNTUOSO ALACERCARSE A ÉL, COMO SI SUS PROPIAS OBRAS LO HABILITARAN.

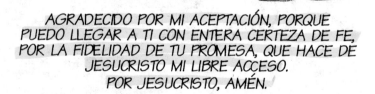

AGRADECIDO POR MI ACEPTACIÓN, PORQUE PUEDO LLEGAR A TI CON ENTERA CERTEZA DE FE, POR LA FIDELIDAD DE TU PROMESA, QUE HACE DE JESUCRISTO MI LIBRE ACCESO.
POR JESUCRISTO, AMÉN.

¡EL BISTEC MÁS GRANDE ES MÍO!

" MAS ENTRE VOSOTROS NO SERÁ ASÍ, SINO QUE EL QUE QUIERA HACERSE GRANDE ENTRE VOSOTROS SERÁ VUESTRO SERVIDOR, Y EL QUE QUIERA SER EL PRIMERO ENTRE VOSOTROS SERÁ VUESTRO SIERVO; COMO EL HIJO DEL HOMBRE NO VINO PARA SER SERVIDO, SINO PARA SERVIR, Y PARA DAR SU VIDA EN RESCATE POR MUCHOS" (Mt. 20:26-28).

EN EL REINO DE DIOS, EL MAYOR ES AQUEL QUE NO BUSCA PARA SÍ LAS MEJORES COSAS.

EL MAYOR ES EL QUE APRENDIÓ QUE CUANTO MENOS PUEDE ÉL, TANTO MÁS PUEDE CRISTO EN ÉL.

EN VEZ DE CORRER DETRÁS DE SUS INTERESES, APRENDIÓ A CONFIAR Y A ESPERAR EN DIOS. POR ESO SIEMPRE TIENE MUCHO MÁS. PORQUE AL FINAL, LOS MANSOS, Y NO LOS EXPERTOS, HEREDARÁN LA TIERRA.

PADRE, HAZ QUE YO DISMINUYA Y QUE CRISTO CREZCA EN MÍ. QUE YO SEA UNA BENDICIÓN PARA LOS DEMÁS.

" **B**IENAVENTURADO EL QUE TÚ ESCOGIERES Y ATRAJERES A TI, PARA QUE HABITE EN TUS ATRIOS; SEREMOS SACIADOS DEL BIEN DE TU CASA, DE TU SANTO TEMPLO" (Sal. 65:4).

Dios de Poder:

AGRADECIDO PORQUE PUEDO HABITAR EN TU CASA. ASÍ NO TENGO QUE TEMER NADA. DONDEQUIERA QUE ESTÉ, TÚ ESTÁS CONMIGO. Y SI TÚ ESTÁS DONDE ESTOY, ENTONCES, CUALQUIER LUGAR ES MI CASA.

" **P**ORQUE COMO DESCIENDE DE LOS CIELOS LA LLUVIA Y LA NIEVE, Y NO VUELVE ALLÁ, SINO QUE RIEGA LA TIERRA, Y LA HACE GERMINAR Y PRODUCIR, Y DA SEMILLA AL QUE SIEMBRA, Y PAN AL QUE COME, ASÍ SERÁ MI PALABRA QUE SALE DE MI BOCA; NO VOLVERÁ A MÍ VACÍA, SINO QUE HARÁ LO QUE YO QUIERO, Y SERÁ PROSPERADA EN AQUELLO PARA QUE LA ENVIÉ" (Is. 55:10,11).

La Palabra de Dios salva, sana, da vida, calma las tempestades y destruye fortalezas.

POR ESO...

¡Abra la boca!

LA PALABRA POR SÍ MISMA HACE EL RESTO.

SEÑOR:

Perdóname por mi timidez. Por quedarme callado, impidiendo que tu Palabra obre. Dame siempre oportunidades e intrepidez para predicarla.

"CUANDO ALGUNO ES TENTADO, NO DIGA QUE ES TENTADO DE PARTE DE DIOS; PORQUE DIOS NO PUEDE SER TENTADO POR EL MAL, NI ÉL TIENTA A NADIE; SINO QUE CADA UNO ES TENTADO, CUANDO DE SU PROPIA CONCUPISCENCIA ES ATRAÍDO Y SEDUCIDO. ENTONCES LA CONCUPISCENCIA, DESPUÉS QUE HA CONCEBIDO, DA A LUZ EL PECADO; Y EL PECADO, SIENDO CONSUMADO, DA A LUZ LA MUERTE" (Stgo. 1:13-15).

-EL PROBLEMA, EN UNA DIETA PARA ADELGAZAR, NO ESTÁ EN LA POSIBILIDAD DE PASAR FRENTE A UNA PASTELERÍA, SINO EN DETENERSE FRENTE A LA VIDRIERA.

Padre santo:
QUE NO TENGA OJOS PARA LAS VIDRIERAS.

"**C**ADA UNO SEGÚN EL DON QUE HA RECIBIDO, MINÍSTRELO A LOS OTROS, COMO BUENOS ADMINISTRADORES DE LA MULTIFORME GRACIA DE DIOS" (1 Pedro 4:10).

CUANDO ÉRAMOS PEQUEÑOS, DIOS SIEMPRE NOS DABA DE COMER EN LA BOCA

AHORA, YA GRANDES, NECESITAMOS CONOCER BIEN LA DESPENSA DE DIOS, NO SÓLO PARA ALIMENTARNOS SOLOS, SINO PARA SERVIR A OTROS

Señor:

DAME HAMBRE Y SED DE CONOCER TU PALABRA, Y AYÚDAME A USARLA BIEN PARA AYUDAR A LOS DEMÁS. AMÉN.

"**Padre**, AQUELLOS QUE ME HAS DADO, QUIERO QUE DONDE YO ESTOY, TAMBIÉN ELLOS ESTÉN CONMIGO" (Juan 17:24a).

¡Dios quiere darnos el privilegio de relacionarnos con Él!

CAÍN, QUE SE FATIGABA EN EL CAMPO, SE ENOJÓ CUANDO DIOS PREFIRIÓ A ABEL, QUE PROBABLEMENTE, POR SER PASTOR DE OVEJAS, TENÍA MÁS TIEMPO PARA DIOS...

ESAÚ CORRÍA TANTO QUE NO LE IMPORTÓ LA BENDICIÓN DE DIOS, DIFERENTE DE JACOB, QUE ERA MÁS INCLINADO A LA COMUNIÓN.

JOSÉ CASI MUERE A MANOS DE SUS HERMANOS SÓLO PORQUE ESTABA MÁS ALLEGADO A SU PADRE...

MARTA SE ENOJÓ, CUANDO VIO QUE MARÍA, EN VEZ DE CORRER DE UN LADO PARA OTRO, PREFERÍA SENTARSE CERCA DE JESÚS.

Padre:

Que no me olvide de que mi servicio no debe ser mayor que mi relación contigo. Por Jesucristo. ¡Amén!

" **A**QUÍ ESTÁ UN MUCHACHO QUE TIENE CINCO PANES DE CEBADA Y DOS PECECILLOS; MAS ¿QUÉ ES ESTO PARA TANTOS? ... RECOGIERON, PUES, Y LLENARON DOCE CESTAS DE PEDAZOS, QUE DE LOS CINCO PANES DE CEBADA SOBRARON A LOS QUE HABÍAN COMIDO" (Juan 6:9,13).

• ¿SE IMAGINA SI AQUEL MUCHACHO HUBIERA ESPERADO UNA CIRCUNSTANCIA MÁS FAVORABLE, COMO TENER MÁS PECES, O UN NÚMERO MENOR DE PERSONAS PARA COMER? (AL CABO, ¡¡¡5 MIL ERAN MUCHAS!!!).

•...¿Y NO RECONOCERÍA LO QUE TENÍA EN LAS MANOS Y LO QUE DIOS PODRÍA HACER?...

•¿YA SE IMAGINÓ SI HUBIERA TENIDO VERGÜENZA DE PRESENTAR A LOS LÍDERES LO QUE HABÍA TRAÍDO?

Creía en el don y en el talento que Dios le dio.

DIOS AMADO:
NO SERÉ NEGLIGENTE CON LO QUE TÚ ME HAS CONFIADO. POR JESUCRISTO. AMÉN.

"**E**L QUE HABITA AL ABRIGO DEL ALTÍSIMO MORARÁ BAJO LA SOMBRA DEL OMNIPOTENTE. DIRÉ YO A JEHOVÁ: ESPERANZA MÍA, Y CASTILLO MÍO; MI DIOS, EN QUIÉN CONFIARÉ" (Sal. 91:1,2).

UNA COSA ES **ESCONDERSE** EN EL CASTILLO DE DIOS (¡¡¡Cuando la situación se pone difícil!!!)

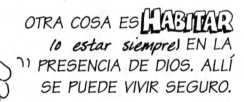

OTRA COSA ES **HABITAR** (o estar siempre) EN LA PRESENCIA DE DIOS. ALLÍ SE PUEDE VIVIR SEGURO.

Mi Refugio eterno:
PADRE AMADO, DESEO SIEMPRE ESTAR EN TU PRESENCIA. QUE EL SEÑOR ME AYUDE EN ESTO.

" **A**SÍ QUE, NO OS AFANÉIS POR EL DÍA DE MAÑANA, PORQUE EL DÍA DE MAÑANA TRAERÁ SU AFÁN. BASTA A CADA DÍA SU PROPIO MAL " (Mt.6:34)

PADRE AMADO

TE AGRADEZCO POR LA PORCIÓN DE TU GRACIA RESERVADA PARA MÍ EL DÍA DE HOY. (Y por la certeza de que mañana tú estarás conmigo.).

Cuando nos preocupamos con el día de mañana sufrimos el doble. Aparte de no poder realizar ahora lo que pertenece al mañana, no hacemos bien lo que está ante nosotros hoy. Y lo que es peor: al hacerlo así, declaramos nuestra incredulidad en Aquel que prometió cuidarnos.

"DICE, PUES, EL SEÑOR: PORQUE ESTE PUEBLO SE ACERCA A MÍ CON SU BOCA, Y CON SUS LABIOS ME HONRA, PERO SU CORAZÓN ESTÁ LEJOS DE MÍ, Y SU TEMOR DE MÍ NO ES MÁS QUE UN MANDAMIENTO DE HOMBRES QUE LES HA SIDO ENSEÑADO" (Is. 29:13).

LA PEOR COSA PARA DIOS ES EL SERVICIO DE UN CORAZÓN HIPÓCRITA, MÁS COMPROMETIDO CON LOS HOMBRES (QUE SE SATISFACEN CON LAS APARIENCIAS) QUE CON ÉL.

SEÑOR:

QUIERO SIEMPRE PRESENTARME A TI COMO UN SACRIFICIO VIVO, SANTO Y AGRADABLE. RENUEVA CADA DÍA MI AMOR POR TI.

"**E**STAS COSAS OS HE HABLADO PARA QUE EN MÍ TENGÁIS PAZ. EN EL MUNDO TENDRÉIS AFLICCIÓN; PERO CONFIAD, YO HE VENCIDO AL MUNDO" (Juan 16:33).

ES CIERTO QUE HAY LUCHAS. PERO CON ELLAS, ADEMÁS DE LA VICTORIA SEGURA, ESTÁ LA POSIBILIDAD DE QUE CREZCAMOS AL PONER EN PRÁCTICA LO QUE LA PALABRA DE DIOS NOS ENSEÑA. TENEMOS ASEGURADA LA AYUDA DE JESÚS, QUE YA PASÓ POR ESO.

Señor, TE AGRADEZCO TU PRESENCIA. ELLA ME ANIMA.

" **V**ESTÍOS DE TODA LA ARMADURA DE DIOS, PARA QUE PODÁIS ESTAR FIRMES CONTRA LAS ASECHANZAS DEL DIABLO" (Ef. 6:11).

EL SECRETO EN NUESTRA LUCHA CONTRA EL ENEMIGO NO ESTÁ EN "NUESTRA FORMA".

COMO LOS SOLDADOS ROMANOS, QUE USABAN UNA ARMADURA, QUE ADEMÁS DE FUERTE, ERA CAPAZ DE IMPRESIONAR A SUS ENEMIGOS...

DIOS NOS OTORGA TODA VIRTUD Y AUTORIDAD QUE CRISTO CONQUISTÓ, GARANTIZÁNDONOS LA VICTORIA. (CUANDO EL ENEMIGO NOS VE, VE A CRISTO.).

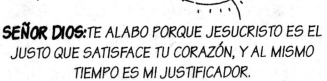

SEÑOR DIOS: TE ALABO PORQUE JESUCRISTO ES EL JUSTO QUE SATISFACE TU CORAZÓN, Y AL MISMO TIEMPO ES MI JUSTIFICADOR.

"EL VIENTO SOPLA DE DONDE QUIERE, Y OYES SU SONIDO; MAS NI SABES DE DONDE VIENE, NI A DÓNDE VA; ASÍ ES TODO AQUEL QUE ES NACIDO DEL ESPÍRITU" (Juan 3:8).

Dieta para ser guiado por el Espíritu:

NO SABEMOS POR DÓNDE EL ESPÍRITU DE DIOS NOS QUIERE GUIAR, PERO PODEMOS OÍR SU VOZ.

EL SECRETO ENTONCES ES MANTENERNOS LIGEROS PARA ACOPLARNOS A SU DIRECCIÓN.

LIGEROS COMO PLUMAS PARA MOVERNOS CON UN SIMPLE SOPLO...

¡¡¡O PESADOS, A LA ESPERA DE UN HURACÁN!!!

PADRE, AYÚDAME A ESTAR LIGERO, VACÍO DE MÍ MISMO, Y A NO ATARME A LAS COSAS HUMANAS Y SIN VALOR. QUE SIGA TU VOZ. POR CRISTO, AMÉN.

" **Y** SE LEVANTÓ DE MAÑANA Y SALIÓ EL QUE SERVÍA AL VARÓN DE DIOS, Y HE AQUÍ EL EJÉRCITO QUE TENÍA SITIADA LA CIUDAD, CON GENTE DE A CABALLO Y CARROS. ENTONCES SU CRIADO LE DIJO: ¡AH, SEÑOR MÍO! ¿QUÉ HAREMOS? ÉL LE DIJO: NO TENGAS MIEDO, PORQUE MÁS SON LO QUE ESTÁN CON NOSOTROS QUE LOS QUE ESTÁN CON ELLOS. Y ORÓ ELISEO, Y DIJO: TE RUEGO, OH JEHOVÁ, QUE ABRAS SUS OJOS PARA QUE VEA. ENTONCES JEHOVÁ ABRIÓ LOS OJOS DEL CRIADO, Y MIRÓ; Y HE AQUÍ QUE EL MONTE ESTABA LLENO DE GENTE DE A CABALLO, Y DE CARROS DE FUEGO ALREDEDOR DE ELISEO"
(2 R. 6:15-17).

" **P**ORQUE RAÍZ DE TODOS LOS MALES ES EL AMOR AL DINERO, EL CUAL CODICIANDO ALGUNOS, SE EXTRAVIARON DE LA FE, Y FUERON TRASPASADOS DE MUCHOS DOLORES"
(1 Ti. 6:10).

USTED SABE QUE LE ESTA DANDO MÁS VALOR AL DINERO DE LO QUE DEBIERA CUANDO:

● AL TOMAR DECISIONES QUE TIENEN QUE VER CON DINERO, LOS PRINCIPIOS Y LAS PERSONAS SON RELEGADAS A UN SEGUNDO PLANO.

● CUANDO EN SUS ORACIONES, EL DINERO ES UN ASUNTO PRIVILEGIADO.

● O, CUANDO "SIN NOTARLO", CON FRECUENCIA SE ACERCA DEMASIADO A LAS PERSONAS MÁS RICAS DE LA IGLESIA.

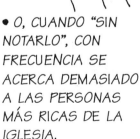

PADRE, SÉ QUE TÚ ERES QUIEN SUPLE MIS NECESIDADES. ¡¡¡AYÚDAME A NO PONER MI ESPERANZA EN LAS RIQUEZAS!!!

"No temáis, manada pequeña, porque a vuestro Padre le ha placido daros el reino"

(Lc. 12:32)

EL MUNDO SIEMPRE NOS PARECE MÁS GRANDE DE LO QUE REALMENTE ES. SIN EMBARGO, ¡¡¡NINGÚN DESAFÍO O BARRERA ES MAYOR QUE AQUELLO QUE DIOS HIZO POR NOSOTROS!!!

Señor Dios: Te agradezco porque ya me has dado las bendiciones que necesitaba.

"NO MIRANDO NOSOTROS LAS COSAS QUE SE VEN, SINO LAS QUE NO SE VEN; PUES LAS COSAS QUE SE VEN SON TEMPORALES, PERO LAS QUE NO SE VEN SON ETERNAS" (2 Co. 4:18).

LE DAMOS MUCHO VALOR A LO QUE PODEMOS VER, TOCAR O SENTIR. ¡POR ESO NOS ABATIMOS TANTO!

Señor, QUE ESTÉ ATENTO A LAS PROMESAS Y A TU PLAN PARA MÍ, QUE NO FALLAN Y NO CAMBIAN COMO MIS SENTIMIENTOS. POR JESUCRISTO, AMÉN.

"NO OS EMBRIAGUÉIS CON VINO, EN LO CUAL HAY DISOLUCIÓN; ANTES BIEN SED LLENOS DEL ESPÍRITU" (Ef. 5:18)

A VECES SOMOS RÁPIDOS PARA EXPULSAR A LOS BORRACHOS DE NUESTRA PRESENCIA...

SIN EMBARGO, ¡NO TENEMOS EL MISMO CELO PARA PROCURAR SER LLENOS DEL ESPÍRITU SANTO DE DIOS!

SEÑOR DIOS: VACÍAME CADA VEZ MÁS, Y DERRAMA SOBRE MÍ TU ESPÍRITU.

" **P**OR TANTO, NOSOTROS TAMBIÉN, TENIENDO EN DERREDOR NUESTRO TAN GRANDE NUBE DE TESTIGOS, DESPOJÉMONOS DE TODO PESO Y DEL PECADO QUE NOS ASEDIA, Y CORRAMOS CON PACIENCIA LA CARRERA QUE TENEMOS POR DELANTE" (Heb. 12:1).

CUALQUIER "PESO" EXTRA PUDIERA PERFECTAMENTE PERMITIRSE EN UNA COMPETENCIA DEPORTIVA; SIN EMBARGO, NUNCA SERÍA CONVENIENTE. DE IGUAL MODO, ADEMÁS DEL PECADO, USTED PUDIERA PENSAR EN HACER A UN LADO AQUELLAS COSAS QUE, AUNQUE SON LÍCITAS, SABE QUE LO TIENEN ATRAPADO EN SU CAMINAR CON DIOS...

Señor,

QUE NADA ME PUEDA ATRAPAR EN EL CUMPLIMIENTO DE TU VOLUNTAD. ¡AMÉN!

"**V**UESTRA PERVERSIDAD CIERTAMENTE SERÁ REPUTADA COMO EL BARRO DEL ALFARERO. ¿ACASO LA OBRA DIRÁ A SU HACEDOR: NO ME HIZO? ¿DIRÁ LA VASIJA DE AQUEL QUE LA HA FORMADO: NO ENTENDIÓ? (Is. 29:16).

¡TORPE... NO SABE LO QUE HACE!

LO QUE NOS DISTINGUE DE LOS INCRÉDULOS ES QUE CONOCEMOS A AQUEL QUE NOS CREÓ.

Y CUANTO MÁS LO CONOCEMOS, TANTO MÁS CONFIAMOS EN ÉL Y EN SU BONDAD.

Señor,

CUANTO MÁS TE CONOZCO, TANTO MÁS CONFÍO EN TI. POR ESO, TOMA LA LIBERTAD DE COMPLETAR TU OBRA EN MÍ. POR JESUCRISTO. AMÉN.

" **O**TRA VEZ OS DIGO, QUE SI DOS DE VOSOTROS, SE PUSIEREN DE ACUERDO EN LA TIERRA ACERCA DE CUALQUIER COSA QUE PIDIEREN, LES SERÁ HECHO POR MI PADRE QUE ESTÁ EN LOS CIELOS" (Mt. 18:19).

A VECES MUCHOS DE NUESTROS PROYECTOS SE FRUSTRAN AL NO DARNOS CUENTA DE ESTA PROMESA. PIENSE BIEN Y VEA LA FUERZA DE ESTO, EN LA VIDA DE SU IGLESIA, EN SU FAMILIA Y ENTRE USTED Y SU AMIGO.

PADRE AMADO, QUE YO VEA LA FUERZA DE LA UNIDAD. POR JESUCRISTO, AMÉN.

"SI YO HABLASE LENGUAS HUMANAS Y ANGELICAS, Y NO TENGO AMOR, VENGO A SER COMO METAL QUE RESUENA, O CIMBALO QUE RETIÑE. Y SI TUVIESE PROFECIA, Y ENTENDIESE TODOS LOS MISTERIOS Y TODA LA CIENCIA, Y SI TUVIESE TODA LA FE, DE TAL MANERA QUE TRASLADASE LOS MONTES, Y NO TENGO AMOR NADA SOY. Y SI REPARTIESE TODOS MIS BIENES PARA DAR DE COMER A LOS POBRES, Y SI ENTREGASE MI CUERPO PARA SER QUEMADO, Y NO TENGO AMOR, DE NADA ME SIRVE." (1 Co. 13:1-3).

NADA QUE YO HAGA, O TENGA, PUEDE SER MAYOR QUE TU AMOR. QUE ÉL REINE EN MÍ.

> *"Cualquiera, pues, que me confiese delante de los hombres, yo también le confesaré delante de mi Padre que está en los cielos"* (Mt. 10:32).

¿HA CONFESADO USTED A CRISTO?

Responda a la prueba siguiente:

☐ ¿CARGA SIEMPRE UNA BIBLIA PEQUEÑA PARA QUE NADIE SEPA QUE ES CRISTIANO?

☐ ¿PROCURA QUE SUS AMIGOS NO SEPAN QUE VA A LA IGLESIA?

☐ ¿VA A UNA FIESTA Y APRUEBA TODO LO QUE HACEN SUS AMIGOS, PORQUE CREE QUE ASÍ QUEDARÁ BIEN CON ELLOS?

☐ ¿AYUDA A CRITICAR Y RIDICULIZAR A LOS CRISTIANOS PARA QUEDAR BIEN CON LOS AMIGOTES?

Jesucristo no tiene agentes secretos. Si contestó que sí a alguna pregunta, necesita cuanto antes revisar algunos principios.

PADRE, AYÚDAME A SER UN TESTIMONIO FIEL. AMÉN.

"**C**ONFESAOS VUESTRAS OFENSAS UNOS A OTROS, Y ORAD UNOS POR OTROS, PARA QUE SEÁIS SANADOS" (Stgo. 5:16).

-SI CONFESAMOS NUESTROS PECADOS, ES CIERTO QUE ÉL ES FIEL Y JUSTO PARA PERDONARNOS Y PURIFICARNOS DE TODA INJUSTICIA

A VECES, SIN EMBARGO, A PESAR DEL PERDÓN, EL DIABLO, NUESTRO ENEMIGO Y ACUSADOR, NOS ATACA CON DUDAS Y CONDENACIÓN.

EN ESOS MOMENTOS ES BUENO CONTAR CON UN HERMANO FIEL Y MADURO.

ALLÍ PUEDE PONER UNA SEÑAL DE SU PERDÓN.

PECADO MUERTO Y ENTERRADO

Padre amado,
TE AGRADEZCO PORQUE PODEMOS CONTAR CON LOS HERMANOS. EN LA COMUNIÓN ESTÁ LA SALUD DEL CUERPO.

" PERO TENIENDO EL MISMO ESPÍRITU DE FE, CONFORME A LO QUE ESTÁ ESCRITO: CREÍ, POR LO CUAL HABLÉ, NOSOTROS TAMBIÉN CREEMOS, POR LO CUAL TAMBIÉN HABLAMOS" (2 Cor. 4:13).

¡LA FE SIEMPRE TIENE BUENOS RELATOS!

NUESTRA BOCA DEBE PROCLAMAR LO QUE CREEMOS EN EL CORAZÓN. NO TENEMOS QUE CONCORDAR CON LO QUE VEN NUESTROS OJOS, NI CON LO QUE PALPAN LAS MANOS,... O CON LAS NOTICIAS QUE NOS DAN. SI CREEMOS EN EL SOCORRO, EN LA VICTORIA QUE LA PALABRA DE DIOS NOS ASEGURA, ENTONCES ES ESO LO QUE VAMOS A PROCLAMAR.

SEÑOR, QUE PROCLAMEMOS ESO. AMÉN.

"MAS BUSCAD PRIMERAMENTE EL REINO DE DIOS Y SU JUSTICIA, Y TODAS ESTAS COSAS OS SERÁN AÑADIDAS" (Mt. 6:33).

BUSCAR EL REINO DE DIOS EN PRIMER LUGAR IMPLICA QUE USTED NO TENGA QUE ANDAR SEGÚN EL CURSO DE ESTE MUNDO. POR LO TANTO, NO TENGA MIEDO DEL PREJUICIO Y DE LA PÉRDIDA QUE SUS AMIGOS INSISTEN EN DECIR QUE HAY. QUÉDESE TRANQUILO. EL MISMO QUE LO LLAMÓ YA GARANTIZÓ TODAS LAS COSAS QUE SUS AMIGOS TENDRÁN QUE CORRER PARA CONSEGUIR.

Mi rey amado,

TE AGRADEZCO PORQUE ME DAS TODO LO QUE NECESITO. (¡¡¡AÚN HASTA CUANDO ESTOY DORMIDO!!!).

"**S**EGUID... LA SANTIDAD, SIN LA CUAL NADIE VERÁ AL SEÑOR" (Heb. 12:14B).

¿PUDIERA DECIRME CUÁL ÉS MI PROBLEMA?

TODAS LAS NOCHES, MI SOLEDAD Y EL MIEDO NO ME DEJAN DORMIR.

MIS ORACIONES (CUANDO ORO) DIOS NO LAS RESPONDE, NI AUNQUE GRITE...

E INCLUSO YA NO ESTOY BIEN DE SALUD...

EN FIN, ¿POR QUÉ NUNCA TENGO EXPERIENCIAS CON DIOS DURANTE EL DÍA?

SENCILLO: Cuando no tomamos a Dios en serio, ¡¡¡no podemos verlo!!!

PADRE
AYÚDAME A VIVIR DE MANERA SANTA, PARA QUE NO ME ALEJE DE TI.

"MAS **VOSOTROS** SOIS LINAJE ESCOGIDO, REAL SACERDOCIO, NACIÓN SANTA, PUEBLO ADQUIRIDO POR DIOS, PARA QUE ANUNCIÉIS LAS VIRTUDES DE AQUEL QUE OS LLAMÓ DE LAS TINIEBLAS A SU LUZ ADMIRABLE" (1 Pe. 2:9).

¡USTED NO ES OBRA DE LA CASUALIDAD, SINO UNA PERSONA AMADA Y ESCOGIDA!

¡USTED TIENE LA AUTORIDAD Y EL PODER DE PRESENTAR VIDAS E INTERCEDER POR ELLAS DELANTE DEL PADRE!

¡USTED ES ALGUIEN SANTO Y JUSTO POR MEDIO DE JESUCRISTO!

¡A USTED, Y NO SÓLO A LOS PASTORES Y LÍDERES DE SU IGLESIA, LE TOCA ANUNCIAR EL EVANGELIO DEL REINO Y A JESUCRISTO, ESPERANZA DE LAS GENERACIONES!

PADRE AMADO:

TE AGRADEZCO POR HABERME DADO EL HONOR DE HABER SIDO HECHO REPRESENTANTE DE TU REINO.

"**A**SÍ QUE, EL QUE PIENSA ESTAR FIRME, MIRE QUE NO CAIGA" (1 CO. 10:12).

ES TRISTE QUE SIEMPRE CAIGAMOS EN LA TENTACIÓN DE FIJARNOS EN LAS FALLAS DE LOS DEMÁS Y NO EN NUESTRA CONDICIÓN. SIN EMBARGO, LA BIBLIA ASEGURA QUE EL MISMO MAL -EL PECADO- ALCANZÓ A **TODOS** LOS HOMBRES. EN ESTE CASO, SERÍA BUENO RECORDAR QUE EL **ENFERMO NO SEÑALA MALES AJENOS.**

Padre de misericordia:
QUE ANTE TODO, YO CUIDE DE MÍ MISMO. POR JESUCRISTO, AMÉN.

"JESÚS LE DIJO: NI YO TE CONDENO; VETE, Y NO PEQUES MÁS" (Juan 8:11).

Ni modo, caíste.

SÍ, EL PECADO ES TERRIBLE. NOS APARTA DE DIOS Y TRAE TODA CLASE DE MALES. AHORA QUE SE ENCONTRÓ CON DIOS POR MEDIO DE SU ABOGADO JESUCRISTO, **LEVÁNTESE Y ANDE,** ¡¡¡Y NO CAIGA MÁS!!!

Dios amado,

TE AGRADEZCO PORQUE ME AYUDAS A ANDAR RECTAMENTE Y PORQUE TU GRACIA ME LEVANTA DEL SUELO.

"**P**ORQUE ASÍ COMO EL CUERPO ES UNO, Y TIENE MUCHOS MIEMBROS, PERO TODOS LOS MIEMBROS DEL CUERPO, SIENDO MUCHOS, SON UN SOLO CUERPO, ASÍ TAMBIÉN CRISTO... PARA QUE NO HAYA DESAVENENCIA EN EL CUERPO, SINO QUE LOS MIEMBROS TODOS SE PREOCUPEN LOS UNOS POR LOS OTROS... VOSOTROS, PUES, SOIS EL CUERPO DE CRISTO, Y MIEMBROS CADA UNO EN PARTICULAR" (1 Co. 12:12,25,27).

" **PADRE,** AYÚDAME A ANDAR COMO ES DIGNO DE LA VOCACIÓN A LA QUE FUI LLAMADO, Y CON TODA HUMILDAD. SUSTENTA A MIS HERMANOS EN AMOR, HACIENDO TODO PARA PRESERVAR LA UNIDAD DEL ESPÍRITU, EN EL NOMBRE DE JESÚS."

" CONFESAOS VUESTRAS OFENSAS UNOS A OTROS, Y ORAD UNOS POR OTROS, PARA QUE SEÁIS SANADOS. LA ORACIÓN EFICAZ DEL JUSTO PUEDE MUCHO" (Stgo. 5:16).

LA ORACIÓN ES UNA ARMA PODEROSÍSIMA

1 SI QUIENES TIENEN RESENTIMIENTO ENTRE SÍ SE UNIERAN EN ORACIÓN, DESAPARECERÍAN LAS DISCREPANCIAS.

2 EL CREYENTE QUE ORA PUEDE MUY BIEN RESUCITAR UNA IGLESIA ENTERA.

3 CUANDO LOS CRISTIANOS SE UNEN Y ORAN, DIOS ABRE LAS VENTANAS DEL CIELO Y DERRAMA BENDICIONES SOBRE TODA LA SOCIEDAD.

padre bendito: TE ALABO PORQUE ESCUCHAS A TU PUEBLO. ¡QUE RECUERDE YO ESTO! POR JESUCRISTO.

"**P**ORQUE NO CONFIARÉ EN MI ARCO, NI MI ESPADA ME SALVARÁ" (Sal. 44:6).

MUCHAS VECES HEMOS IDO A LA LUCHA CONFIANDO EN NOSOTROS MISMOS. POR ESO EN SEGUIDA NOS FRUSTRAMOS CUANDO NUESTRA ESPERANZA NOS TRAICIONA.

- Mi Dios de poder:

QUE NUNCA OLVIDE QUE MI SOCORRO VIENE DE TI. QUE CONFÍE EN TU PROVIDENCIA. AMÉN.

"POR LA NOCHE DURARÁ EL LLORO, Y A LA MAÑANA VENDRÁ LA ALEGRÍA" (Sal. 30:5b)

HAY MUCHA GENTE QUE DESISTE EN LA VÍSPERA DE LA LIBERACIÓN. LO PEOR ES QUE CUANTO MÁS NOS DESESPERAMOS TANTO MÁS DESVIAMOS LOS OJOS DE DONDE VENDRÁ EL SOCORRO. ¡Y ÉL VIENE CON TODA SEGURIDAD!

Padre amado:
- ¡QUE PERMANEZCA FIRME, Y CONFÍE EN TI, EN TODA ADVERSIDAD!

"EN ESTO CONOCERÁN TODOS QUE SON MIS DISCÍPULOS, SI TUVIEREIS AMOR LOS UNOS CON LOS OTROS" (Juan 13:35).

NO, NO ES POR PORTAR UNA CREDENCIAL FIRMADA POR LO QUE SE CONOCE UN CRISTIANO.

TAMPOCO POR EL UNIFORME O POR "MORAR" EN LA IGLESIA.

¡MUCHO MENOS POR EL LENGUAJE!

¡...O POR LOS MILAGROS Y HECHOS FANTÁSTICOS!

SINO POR EL AMOR QUE TUVIERE, DEMOSTRADO EN PRÁCTICAS DIGNAS DE QUIEN POSEE UN CORAZÓN NUEVO, ¡¡¡ALLÍ SÍ !!!

Señor Dios: TE DOY GRACIAS POR DARME LA CAPACIDAD DE AMAR. ¡¡¡POR ESO AMO!!!

"*MEJOR ES CONFIAR EN JEHOVÁ QUE CONFIAR EN EL HOMBRE*" (Sal. 118:8).

- Aquel que se decepciona con alguien erró dos veces.

UNA PORQUE SE DECEPCIONÓ, YA QUE LA BIBLIA NOS MANDA QUE AMEMOS Y PERDONEMOS A LOS QUE NOS OFENDEN.	OTRA, PORQUE SE DEJÓ ENGAÑAR, YA QUE LA BIBLIA NOS ADVIERTE QUE NINGÚN HOMBRE ES INFALIBLE.

Señor:

ENSÉÑAME A NO ESPERAR DE LAS PERSONAS

¡USTED ES UM MISIONERO DE TIEMPO COMPLETO!

"POR TANTO, ID, Y HACED DISCÍPULOS A TODAS LAS NACIONES..." (Mt. 28:19a).

¿TIEMPO COMPLETO?

SÍ, TODO CRISTIANO **YA** FUE LLAMADO A UN COMPROMISO TOTAL (24 HORAS DIARIAS). ¡ESTA DEDICACIÓN NO SIEMPRE TENDRIA QUE SER EXCLUSIVA!

¿QUIERE DECIR QUE TENGO QUE CAMBIAR DE EMPLEO?

NO. PERO NECESITA CAMBIAR DE PATRÓN. SI ANTES TRABAJABA PARA USTED, ¡AHORA DEBE TRABAJAR PARA CRISTO! (¡Y PREPARARSE CON ATENCIÓN PARA LO QUE ORDENE!)

Patrón amado: AYÚDAME A HACER LO MEJOR DE MÍ, PARA QUE PUEDA CUMPLIR CON EL OBJETIVO DE SERVIRTE.

"Y AL QUE SABE HACER LO BUENO, Y NO LO HACE, LE ES PECADO "(Stgo. 4:17)

Padre:

¡QUE NUNCA OLVIDE
QUE LA FE
SIN OBRAS ES MUERTA!

Por Jesucristo, amén.

"**E**NTONCES RESPONDIENDO JESÚS, LES DIJO: ERRÁIS, IGNORANDO LAS ESCRITURAS Y EL PODER DE DIOS" (Mt. 22:29).

ESTE PROBLEMA TODAVÍA CONTINÚA: UNOS, LLENOS DE PODER, SIN CONOCER LA INTIMIDAD DE LA PALABRA Y LA DIRECCIÓN QUE ELLA DA; OTROS, PROFUNDOS CONOCEDORES DE LAS ESCRITURAS, SIN UTILIZAR, EN LA PRÁCTICA, EL PODER QUE ELLAS TIENEN.

Padre: AYÚDAME A CONOCER DILIGENTEMENTE TU PALABRA Y, CON FE Y VALOR, PONERLA EN PRÁCTICA.

"¡AY DE VOSOTROS, CUANDO TODOS LOS HOMBRES HABLEN BIEN DE VOSOTROS!" (Lc. 6:26A).

EN UN MUNDO DE TANTA INJUSTICIA Y MALDAD, NO PODEMOS ESPERAR LA APROBACIÓN DE TODOS, SI QUEREMOS VIVIR UNA VIDA JUSTA. SI ESTO OCURRE, ¡¡¡CUIDADO!!!

Señor:

AYÚDAME A CUMPLIR TU VOLUNTAD, CUESTE LO QUE CUESTE. POR JESUCRISTO, AMÉN.

*"**T**ODO ME ES LÍCITO, PERO NO TODO CONVIENE; TODO ME ES LÍCITO, PERO NO TODO EDIFICA"* (1 Co. 10:23).

PODER, PUEDE; PERO...

Señor Dios :
DAME SABIDURÍA PARA VIVIR SOBRIAMENTE, Y VALOR PARA RENUNCIAR A LO QUE NO EDIFICA.

¿POR QUÉ SE HUNDIÓ PEDRO?
...o ¿qué salió mal?

"Y ÉL DIJO: VEN. Y DESCENDIENDO PEDRO DE LA BARCA, ANDABA SOBRE LAS AGUAS PARA IR A JESÚS. PERO AL VER EL FUERTE VIENTO, TUVO MIEDO; Y COMENZANDO A HUNDIRSE, DIO VOCES, DICIENDO: ¡SEÑOR, SÁLVAME!" (Mt. 14:29-30).

1° POR CAUSA DEL FUERTE VIENTO.

SÍ, ES MUY PROBABLE QUE PEDRO NO SE HABRÍA HUNDIDO SI JESÚS LO HUBIERA LLAMADO A ANDAR SOBRE UNA PISCINA CUBIERTA (¡sin viento, claro!).

2° PORQUE SIEMPRE TENEMOS RAZÓN.

¡PORQUE SIEMPRE TENEMOS RAZÓN! O SEA, PEDRO TENÍA RAZÓN CUANDO CREYÓ QUE PODÍA ANDAR SOBRE LAS AGUAS CON JESÚS. TENÍA TANTA QUE, EN REALIDAD, ANDUVO... CUANDO CREYÓ QUE SE HUNDIRÍA, TAMBIÉN TUVO RAZÓN, PORQUE ACABÓ HUNDIDO.

MORALEJA:
Si yo fuera usted, ¡sólo miraría a Cristo!

SEÑOR, QUE EN ESTE DÍA YO NO CEDA A LA TENTACIÓN DE MIRAR PARA OTRO LADO. POR JESUCRISTO, AMÉN.

COMPROBACIÓN
o... una revisión de los 10 mil kms.

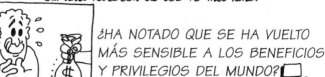

¿HA NOTADO QUE SE HA VUELTO MÁS SENSIBLE A LOS BENEFICIOS Y PRIVILEGIOS DEL MUNDO? ☐

¿HA SENTIDO MAYOR ATRACCIÓN POR LOS PASATIEMPOS Y COMPROMISOS MUNDANOS? ☐

¿SE HA PREOCUPADO CADA VEZ MENOS POR LA SALVACIÓN DE OTROS Y ORADO MENOS POR LAS MISIONES? ☐

¿NOTÓ CÓMO DISMINUYÓ SU TIEMPO PARA EL TRABAJO EN LA IGLESIA? ☐

¿NOTÓ CÓMO SE HA OLVIDADO SIEMPRE DE LLEVAR SU CARTERA A LOS CULTOS? (Por no hablar de los diezmos) ☐

¿HACE UN ESFUERZO TREMENDO PARA RECORDAR DÓNDE DEJÓ LA BIBLIA? ☐

➡ **S**I CONTESTÓ **SÍ** EN ALGUNA PREGUNTA, **¡CUIDADO!**

"RECUERDA, POR TANTO, DE DÓNDE HAS CAÍDO, Y ARREPIÉNTETE, Y HAZ LAS PRIMERAS OBRAS" (Ap. 2:5A).

SEÑOR: REAVIVA EN MÍ, MI PRIMER AMOR POR TI.

"¿Y POR QUÉ NOS TRAE JEHOVÁ A ESTA TIERRA PARA CAER A ESPADA, Y QUE NUESTRAS MUJERES Y NUESTROS NIÑOS SEAN POR PRESA? ¿NO NOS SERÍA MEJOR VOLVERNOS A EGIPTO?" (Nm. 14:3).

CUANDO EL PUEBLO DE ISRAEL LLEGÓ A LA TIERRA PROMETIDA, SUS OJOS SÓLO VEÍAN LAS LUCHAS, LOS GIGANTES Y LAS MURALLAS (A EXCEPCIÓN DE JOSUÉ Y CALEB, QUE SABÍAN QUE DIOS LOS LIBRARÍA). Y HASTA LLEGARON A DESEAR VOLVER A LA ESCLAVITUD.

-Y USTED, ¿CÓMO HA ENFRENTADO LAS LUCHAS?...

- Jehová de los ejércitos:

QUE NO ME HAGA LA ILUSIÓN DE NO TENER QUE LUCHAR. PERO SOBRE TODO QUE NO OLVIDE QUE YA GARANTIZASTE LA VICTORIA.

"**P**ORQUE EL REINO DE DIOS NO CONSISTE EN PALABRAS, SINO EN PODER" (1 Co. 4:20).

A VECES NOS IMPRESIONA UN MODELO DE CRISTIANISMO MOSTRADO EN MUCHO DISCURSO, QUE EN ESENCIA, SIN EMBARGO, SE MUESTRA ESTÉRIL Y SIN VIDA.

¡DIOS QUIERE QUE PROBEMOS MUCHO MÁS!

Padre:

QUITA DE MÍ TODA SOBERBIA Y PRESUNCIÓN PARA QUE MI VIDA CONTIGO SEA MUCHO MÁS QUE PALABRAS. EN CRISTO.

"PORQUE NO DIGO ESTO PARA QUE HAYA PARA OTROS HOLGURA, Y PARA VOSOTROS ESTRECHEZ, SINO PARA QUE EN ESTE TIEMPO, CON IGUALDAD, LA ABUNDANCIA VUESTRA SUPLA LA ESCASEZ DE ELLOS, PARA QUE TAMBIÉN LA ABUNDANCIA DE ELLOS SUPLA LA NECESIDAD VUESTRA, PARA QUE HAYA IGUALDAD, COMO ESTÁ ESCRITO: EL QUE RECOGIÓ MUCHO, NO TUVO MÁS, Y EL QUE POCO, NO TUVO MENOS" (2 Co. 8:13-15).

Dios de justicia:

TE DOY GRACIAS PORQUE ME HAS HECHO ABUNDAR EN TODO, PARA QUE PUEDA COMPARTIR CON OTROS.

"¡VAMOS AHORA! LO QUE DECÍS: HOY Y MAÑANA IREMOS A TAL CIUDAD, Y ESTAREMOS ALLÁ UN AÑO, Y TRAFICAREMOS, Y GANAREMOS; CUANDO NO SABÉIS LO QUE SERÁ MAÑANA. PORQUE ¿QUÉ ES VUESTRA VIDA? CIERTAMENTE ES NEBLINA QUE SE APARECE POR UN POCO DE TIEMPO, Y LUEGO SE DESVANECE. EN LUGAR DE LO CUAL DEBERÍAS DECIR: SI EL SEÑOR QUIERE, VIVIREMOS Y HAREMOS ESTO O AQUELLO. PERO AHORA OS JACTÁIS EN VUESTRAS SOBERBIAS. TODA JACTANCIA SEMEJANTE ES MALA" (Stgo. 4:13-16).

Cuando confiamos en nosotros, nos esperan sorpresas.

Señor:

AYÚDAME PARA QUE NO CONFÍE EN MI ENTENDIMIENTO. DE ESE MODO TENDRÁS LA LIBERTAD DE ENDEREZAR MI CAMINO.

"**Y**O SOY LA VID VERDADERA, Y MI PADRE ES EL LABRADOR. TODO PÁMPANO QUE EN MÍ NO LLEVA FRUTO, LO QUITARÁ; Y TODO AQUEL QUE LLEVA FRUTO, LO LIMPIARÁ, PARA QUE LLEVE MÁS FRUTO" (Juan 15:1,2).

¡AY CÓMO DUELE!....

CUANDO DIOS ESTÁ TRABAJANDO EN NOSOTROS, NO SIEMPRE EL PROCESO ES SIN DOLOR. SIN EMBARGO, DEBEMOS CONSOLARNOS AL SABER QUE DIOS NO PUEDE DESEAR NUESTRO SUFRIMIENTO. DE SER ASÍ, EL PADRE ESTARÍA LASTIMANDO A JESUCRISTO, QUE ES LA VID, DE LA CUAL SOMOS RAMAS.

¡AY!

Padre: TE ALABO PORQUE ME AMAS. CONTINÚA, SEÑOR, TU OBRA EN MÍ. POR JESUCRISTO.

"**P**OR TANTO, TOMAD TODA LA ARMADURA DE DIOS, PARA QUE PODÁIS RESISTIR EN EL DÍA MALO, Y HABIENDO ACABADO TODO, ESTAR FIRMES" (Ef. 6:13).

¡LA PALABRA DE DIOS SIEMPRE FUNCIONA! POR ESO, DESPUÉS DE HACER LO QUE DEBE, MANTÉNGASE FIRME, CONFIANDO EN EL SEÑOR QUE HACE QUE SU PALABRA OBRE EN NOSOTROS (NO IMPORTA LO QUE VEAN SUS OJOS). ¡LA FE SIN PERSEVERANCIA NO ES FE!

QUE APRENDA A PERSEVERAR Y A ESPERAR EN TI. EN CRISTO, AMÉN.

"**S**IERVOS, OBEDECED A VUESTROS AMOS TERRENALES CON TEMOR Y TEMBLOR, CON SENCILLEZ DE VUESTRO CORAZÓN, COMO A CRISTO; NO SIRVIENDO AL OJO, COMO LOS QUE QUIEREN AGRADAR A LOS HOMBRES, SINO COMO SIERVOS DE CRISTO, DE CORAZÓN HACIENDO LA VOLUNTAD DE DIOS; SIRVIENDO DE BUENA VOLUNTAD, COMO AL SEÑOR Y NO A LOS HOMBRES" (Ef. 6:5-8).

MÁS QUE UN EMPLEADO CRISTIANO, EL MUNDO NECESITA VER MÁS CRISTIANOS EMPLEADOS. LOS QUE ADEMÁS DE SER SAL Y LUZ, BUENOS COMPAÑEROS, CONSEJEROS FIELES Y PREDICADORES DEL EVANGELIO, CUMPLEN CON RIGOR LAS FUNCIONES PARA LAS QUE FUERON CONTRATADOS.

Señor: QUE YO SEA UN MODELO, PARA QUE SE TE DÉ HONRA A TI. POR CRISTO, AMÉN.

"LLORAD CON LOS QUE LLORAN"
(Ro. 12:15b)

> ¿Cuál es el problema?
> ¡Eso no duele nada!

PARECE EXAGERADO, PERO NUESTRA TENDENCIA DE MINIMIZAR O DESPRECIAR EL DOLOR AJENO, ESCONDE UNA TREMENDA ENFERMEDAD ESPIRITUAL. POR ESO EL SIDA NO PASA DE SER UN MERECIDO CASTIGO, LAS CRIATURAS EXPLOTADAS, VIOLADAS Y ASESINADAS EN EL PAÍS SON UN PROBLEMA DEL GOBIERNO, Y EL SUFRIMIENTO DEL PRÓJIMO ESTÁ MUY LEJOS DE NOSOTROS.

SI CRISTO ES NUESTRO MODELO, DEBIÉRAMOS PENSAR MÁS EN EL MOTIVO QUE LO TRAJO HASTA NOSOTROS, Y POR QUÉ LA TRAGEDIA HUMANA LO HIZO SUFRIR TANTO. VAMOS A DESCUBRIR QUE AQUEL QUE AMA HACE SUYO EL DOLOR AJENO.

PADRE: QUE ESTÉ ATENTO AL SUFRIMIENTO DE LOS DEMÁS. QUE AME COMO JESUCRISTO.

"DE LO PROFUNDO, OH JEHOVÁ, A TI CLAMO" (Sal. 130:1)

A VECES NOS DESESPERAMOS CUANDO NOS SENTIMOS AMENAZADOS Y TEMEMOS PERDER TODO LO QUE CREEMOS HABER CONQUISTADO...

SIN EMBARGO, CUANDO LLEGAMOS AL FONDO DEL POZO (DONDE YA NO HAY NADA MÁS ABAJO DE NOSOTROS, NI MÁS QUE PERDER), DESCUBRIMOS ENTONCES QUE ALLÍ ES EL LUGAR EXACTO DONDE DIOS QUIERE ACTUAR

-¡¡¡DONDE SÓLO SE PUEDE MIRAR PARA ARRIBA!!!

Mi Padre:

TE ALABO PORQUE ERES TODO LO QUE TENGO. NADA ME PUEDE SEPARAR DE TI.

"**O**S HE ESCRITO POR CARTA, QUE NO OS JUNTÉIS CON LOS FORNICARIOS; NO ABSOLUTAMENTE CON LOS FORNICARIOS DE ESTE MUNDO, O CON LOS AVAROS, O CON LOS LADRONES, O CON LOS IDÓLATRAS; PUES EN TAL CASO OS SERÍA NECESARIO SALIR DEL MUNDO" (1 Co. 5:9,10).

LA LUZ DEBE BRILLAR EN LAS TINIEBLAS, EN MEDIO DE QUIENES LA NECESITAN. PERO ESTO PUEDE GENERAR INCOMODIDADES:

USTED DEBE SENTARSE CON ELLOS, COMER CON ELLOS...

OÍR COSAS QUE TAL VEZ NO LE GUSTEN...

...¡HASTA SER CONFUNDIDO CON ELLOS!

PERO ANÍMESE -
¡JESÚS HIZO LO MISMO!

PADRE AMADO: QUE ME CONTAGIE DE AMOR POR LAS VIDAS QUE NO TE CONOCEN. AMÉN.

"SI JEHOVÁ NO EDIFICARE LA CASA, EN VANO TRABAJAN LOS QUE LA EDIFICAN; SI JEHOVÁ NO GUARDARE LA CIUDAD, EN VANO VELA LA GUARDIA. POR DEMÁS ES QUE OS LEVANTÉIS DE MADRUGADA, Y VAYÁIS TARDE A REPOSAR, Y QUE COMÁIS PAN DE DOLORES; PUES QUE A SU AMADO DARÁ DIOS EL SUEÑO" (Sal. 127:1,2).

Señor:

TE ALABO PORQUE ME HAS BENDECIDO CON TODA CLASE DE BENDICIONES. POR ESO NO NECESITO ANDAR ANSIOSO (¡NI CORRER!).

-¿YA SE FIJÓ QUE DIOS NUNCA MANDÓ QUE SINTIÉRAMOS AMOR?

*"UN **MANDAMIENTO** NUEVO OS DOY: QUE **OS AMÉIS** UNOS A OTROS; COMO YO OS HE AMADO, QUE TAMBIÉN OS AMÉIS UNOS A OTROS" (Juan 13:34).*

*PORQUE EL AMOR NO ES UN **SENTIMIENTO** QUE APARECE COMO REACCIÓN A UN ESTÍMULO. COMO EL DOLOR POR EJEMPLO*

... ESTOY SINTIENDO DOLOR PORQUE FUI ESTIMULADO.

*PORQUE EL AMOR ES UNA **ACTITUD** - EN VEZ DE OBEDECER AL CORAZÓN (QUE ES ENGAÑOSO), SE OBEDECE A LA VOZ DEL ESPÍRITU...*

*...¡**AH SÍ**, EL SENTIMIENTO PUEDE TAMBIÉN APARECER!*

Padre de amor:

QUE NO ME GUÍE POR LOS SENTIMIENTOS. QUE ASÍ ESTÉ LIBRE PARA AMAR. TE DOY GRACIAS PORQUE TÚ ERES EL AMOR QUE VIVE EN MÍ. POR ESO PUEDO AMAR. POR JESUCRISTO, AMÉN.

" **P**ERO NINGÚN HOMBRE PUEDE DOMAR LA LENGUA, QUE ES UN MAL QUE NO PUEDE SER REFRENADO, LLENA DE VENENO MORTAL. CON ELLA BENDECIMOS AL DIOS Y PADRE, Y CON ELLA MALDECIMOS A LOS HOMBRES, QUE ESTÁN HECHOS A LA SEMEJANZA DE DIOS. DE UNA MISMA BOCA PROCEDEN BENDICIÓN Y MALDICIÓN. HERMANOS MÍOS, ESTO NO DEBE SER ASÍ" (Stgo. 3:8-10).

TENEMOS DOS OÍDOS,

Y UNA SOLA BOCA.

AUN ASÍ, SOMOS TENTADOS A COMPENSAR, HABLANDO MUCHO MÁS QUE OYENDO. LO IDEAL SERÍA ENTONCES PENSAR DOS VECES ANTES DE PONER LA LENGUA A FUNCIONAR.

Señor:

DAME SABIDURÍA, PARA QUE NO USE MI BOCA COMO INSTRUMENTO DE MALDICIÓN.

"**A**MADOS, AMÉMONOS A OTROS; PORQUE EL AMOR ES DE DIOS. TODO AQUEL QUE AMA, ES NACIDO DE DIOS, Y CONOCE A DIOS. EL QUE NO AMA NO HA CONOCIDO A DIOS; PORQUE DIOS ES AMOR" (1 Juan. 4:7,8).

¡LOS SERES HUMANOS NO SON UN MONTÓN DE CARNE!

ELLOS TIENEN UNA MENTE QUE LOS ACUSA, QUE LOS CONDENA, Y QUE VIVE BUSCANDO RAZONES PARA VIVIR.

ELLOS TIENEN UN CORAZÓN QUE LATE, QUE SIENTE ANGUSTIA Y SOLEDAD; SOBRE TODO, TIENEN UN VACÍO DE LA PRESENCIA DE DIOS.

Dios hizo a los hombres a su imagen y semejanza, y los amó al punto de dar su vida por ellos... ¡Y espera que usted tenga el mismo amor!

Dios misericordioso:
¡¡¡QUE YO VEA (Y AME) A LOS SERES HUMANOS COMO TÚ LOS VES!!!

"**S**I DIJERES EN TU CORAZÓN: ESTAS NACIONES SON MUCHO MÁS NUMEROSAS QUE YO; ¿CÓMO LAS PODRÉ EXTERMINAR? NO TENGAS TEMOR DE ELLAS; ACUÉRDATE BIEN DE LO QUE HIZO JEHOVÁ TU DIOS CON FARAÓN Y CON TODO EGIPTO; DE LAS GRANDES PRUEBAS QUE VIERON TUS OJOS, Y DE LAS SEÑALES Y MILAGROS, Y DE LA MANO PODEROSA Y EL BRAZO EXTENDIDO CON QUE JEHOVÁ TU DIOS TE SACÓ; ASÍ HARÁ JEHOVÁ TU DIOS CON TODOS LOS PUEBLOS DE CUYA PRESENCIA TÚ TEMIERES" (Dt. 7:17-19).

¡¿A QUIÉN LE TIENE MIEDO USTED?!

Dios eterno:
TE DOY GRACIAS POR LA PROMESA
DE VICTORIA SOBRE TODOS MIS ENEMIGOS.
¡QUE ME LEVANTE Y NO TEMA!

" **A**SÍ QUE LA FE ES POR EL OÍR, Y EL OÍR, POR LA PALABRA DE DIOS" (Ro. 10:17).

¡MÁS PALABRA DE DIOS, MÁS FE!

DE LA FLAQUEZA...

¡A LA FORTALEZA!

DEL ABATIMIENTO...

¡A LA ALEGRÍA!

DE LA FRIALDAD ESPIRITUAL...

¡AL AVIVAMIENTO!

Cuanto más contacto tenemos con la Palabra, tanto más fe adquirimos. Y cuanto más la predicamos, tanto más vidas se transforman.

PADRE:

QUE TENGA LA DETERMINACIÓN DE BUSCARTE EN TU PALABRA. ¡Y QUE LA PREDIQUE TODO EL TIEMPO!

"*Y* LEVANTÁNDOSE, VINO A SU PADRE. Y CUANDO AÚN ESTABA LEJOS, LO VIO SU PADRE, Y FUE MOVIDO A MISERICORDIA, Y CORRIÓ, Y SE ECHÓ SOBRE SU CUELLO, Y LE BESÓ. Y EL HIJO LE DIJO: PADRE, HE PECADO CONTRA EL CIELO Y CONTRA TI, Y YA NO SOY DIGNO DE SER LLAMADO TU HIJO. PERO EL PADRE DIJO A SUS SIERVOS: SACAD EL MEJOR VESTIDO, Y VESTIDLE; Y PONED UN ANILLO EN SU MANO, Y CALZADO EN SUS PIES" (Lc. 15:20-22).

CUANDO HAY ARREPENTIMIENTO:

1 DIOS NOS VISTE CON LA MEJOR ROPA, CAPAZ DE CUBRIR NUESTRA VERGÜENZA

2 DIOS NOS PONE UN ANILLO EN EL DEDO - SÍMBOLO DE LA AUTORIDAD RESTAURADA

3 NUESTRO PADRE CALZA NUESTROS PIES, ENDEREZANDO NUESTROS PASOS, Y PROTEGIÉNDONOS CONTRA SERPIENTES Y ESCORPIONES

Padre: QUE NO SALGA NI SIQUIERA UN MINUTO DE TU PRESENCIA. AMÉN.

"PUES NO ESTÁIS BAJO LA LEY, SINO BAJO LA GRACIA".

"PORQUE LA LETRA MATA, MAS EL ESPÍRITU VIVIFICA." (Ro. 6:14b, 2 Co. 3:6b).

EL GRAN PROBLEMA DE LA IGLESIA EN LOS TIEMPOS DE JESÚS NO ERA LA IGNORANCIA DE LA LEY...

SINO LA FALTA DE OBSERVANCIA DEL ESPÍRITU DE LA LEY. LE DABAN MÁS VALOR A LA APARIENCIA EXTERIOR. ESO EQUIVALE A TIRAR EL FRUTO Y ALIMENTARSE DE LAS CÁSCARAS. LA LEY NOS HABLA DE NUESTRAS IMPOSIBILIDADES. LA GRACIA, DE LO QUE PODEMOS POR EL PODER DE DIOS.

PADRE AMADO: QUE YO VIVA, NO EN LA PERSPECTIVA DE LO QUE NO PUEDO HACER, SINO DE LO QUE, POR LA GRACIA DE CRISTO, PUEDO REALIZAR. AMÉN.

" PERO ESTO DIGO: EL QUE SIEMBRA
ESCASAMENTE, TAMBIÉN SEGARÁ
ESCASAMENTE, Y EL QUE SIEMBRA
GENEROSAMENTE, GENEROSAMENTE TAMBIÉN
SEGARÁ (...) Y EL QUE DA SEMILLA AL QUE
SIEMBRA, Y PAN AL QUE COME, PROVEERÁ Y
MULTIPLICARÁ VUESTRA SEMENTERA, Y
AUMENTARÁ LOS FRUTOS DE VUESTRA JUSTICIA"
(2 Co. 9:6, 10).

LOS FRUTOS TIENEN EN
SÍ LA PARTE QUE SE
PUEDE COMER, Y LA QUE
DEBE PLANTARSE.
NUESTRAS FINANZAS
TAMBIÉN SON ASÍ. PERO,
COMO MUCHOS
CRISTIANOS HACEN, SE
PUEDE COMER LA
SEMILLA.

FRUTO

SEMILLA

NO ENTIENDO LO QUE
PASA CON MI
SEMENTERA... CUANTO
MÁS ECONOMIZO, TANTO
MENOS TENGO.

Señor:
Ayúdame a ser un mayordomo fiel de
lo que me has confiado. Que pueda
sembrar con liberalidad en tu obra.

"OBEDECED A VUESTROS PASTORES

, Y SUJETAOS A ELLOS; PORQUE ELLOS VELAN POR VUESTRAS ALMAS, COMO QUIENES HAN DE DAR CUENTA; PARA QUE LO HAGAN CON ALEGRÍA, Y NO QUEJÁNDOSE, PORQUE ESTO NO OS ES PROVECHOSO" (Heb. 13:17).

MUCHOS VEN A SU PASTOR (**O GUÍA**) COMO UN EMPLEADO, TAL VEZ HASTA COMO UN COCINERO QUE ES RESPONSABLE DE LA COMIDA QUE LO ALIMENTA CADA DOMINGO. Y RECLAMAN CUANDO ESTÁ FRÍA, RECALENTADA, O CUANDO EL PLATILLO SE REPITE.

NO OLVIDE SU RESPONSABILIDAD COMO CRISTIANO. TODO DON BAJO SU CUIDADO SÓLO RINDE FRUTOS CUANDO ESTÁ BAJO LA ORIENTACIÓN PASTORAL. PÓNGASE A LA DISPOSICIÓN DE SU PASTOR.

SEÑOR: QUE PUEDA SER DE BENDICIÓN PARA MI PASTOR Y SU FAMILIA. EN EL NOMBRE DE CRISTO.

"¿**P**OR QUÉ TE ABATES, OH ALMA MÍA, Y TE TURBAS DENTRO DE MÍ? ESPERA EN DIOS; PORQUE AÚN HE DE ALABARLE, SALVACIÓN MÍA Y DIOS MÍO" (Sal. 42:5).

USTED ES UN ESPÍRITU, QUE POSEE CUERPO Y ALMA.

CUERPO:
Es el envase que tendrá que ser devuelto un día

ALMA:
(SENTIMIENTOS, INTELECTO...).

ESPÍRITU:
(SU VERDADERA IDENTIDAD) Es aquí donde Dios le habla. Fue recreado y debe gobernar su vida.

Esta vive impresionada por lo que ve o toca, y trata de gobernar en usted.

EL GRAN SECRETO PARA UNA VIDA DE VICTORIA ES QUE CONSTANTEMENTE MINISTRE LA PALABRA DE DIOS A SU ALMA, Y NO SER GOBERNADO POR ÉSTA.

Dios eterno: AYÚDAME, POR TU ESPÍRITU QUE VIVE EN MÍ, PARA QUE NO VIVA POR LOS SENTIMIENTOS.

*"DE LA BOCA DE LOS NIÑOS Y DE LOS QUE MAMAN, FUNDASTE LA **FORTALEZA**, A CAUSA DE TUS ENEMIGOS, PARA HACER CALLAR AL ENEMIGO Y AL VENGATIVO"* (Sal. 8:2).
*"Y JESÚS LES DIJO: SÍ; ¿NUNCA LEÍSTEIS: DE LA BOCA DE LOS NIÑOS Y DE LOS QUE MAMAN PERFECCIONASTE LA **ALABANZA**?"* (Mt. 21:16b).

¿O QUÉ HA SALIDO DE SU BOCA?...

Jesús, refiriéndose al Salmo, asocia la alabanza con la fuerza contra el enemigo. Por eso la Biblia condena tanto la maledicencia, o la lamentación, que es lo contrario a la alabanza.

| CUANDO CONFESAMOS: | EN REALIDAD ESTO QUIERE DECIR: |

Padre amado:

AYÚDAME A PONER GUARDA EN MI BOCA PARA NO PECAR CONTRA TI. QUE NO ME OLVIDE DE NINGUNO DE TUS BENEFICIOS. Y LOS PROCLAME TODOS EN TODO TIEMPO. POR JESUCRISTO, AMÉN.

COMPROBACIÓN
¿CÓMO ESTA SU CORAZÓN?

Responda las preguntas:

☐ CUANDO VE A UN HERMANO QUE LO OFENDIÓ, ¿SE ACUERDA DE ESO CON RENCOR?

☐ CUANDO LO ENCUENTRA, ¿HACE TODO PARA APARENTAR QUE NO LO VIO O, SIEMPRE QUE PUEDE, EVITA SU PRESENCIA?

☐ ¿SIENTE QUE SUS ORACIONES SON FRÍAS Y CORTAS, QUE NO LOGRA CONCENTRARSE EN ELLAS, Y QUE PARECE QUE DIOS SALIÓ DE VACACIONES PARA NO OÍRLO?

Si uno o más de estos síntomas están presentes en su vida, ¡cuidado! ¡Su corazón necesita tratamiento!

"PERO YO OS DIGO: AMAD A VUESTROS ENEMIGOS, ... Y ORAD POR LOS QUE OS ULTRAJAN Y OS PERSIGUEN." "PORQUE SI PERDONÁIS A LOS HOMBRES SUS OFENSAS, OS PERDONARÁ TAMBIÉN A VOSOTROS VUESTRO PADRE CELESTIAL" (Mt. 5:44, 6:14).

PADRE: TE DOY GRACIAS PORQUE PUEDO AMAR, PERDONAR, HACER EL BIEN A LOS QUE ME OFENDIERON (Y POR SI FUERA POCO, TAMBIÉN PUEDO **SENTIR** AMOR). RESTABLECE MI COMUNIÓN CONTIGO. POR JESUCRISTO, AMÉN.

"...SATANÁS OS HA PEDIDO PARA ZARANDEAROS COMO A TRIGO; PERO YO HE ROGADO POR TI, QUE TU FE NO FALTE; Y TÚ, UNA VEZ VUELTO, CONFIRMA A TUS HERMANOS" (Lc. 22:31,32).

SEÑOR: TE DOY GRACIAS PORQUE SIEMPRE ESTÁS CONMIGO Y PORQUE JESÚS ES MI ABOGADO. DE MODO QUE NO TENGO QUE TEMER A NADA NI A NADIE. POR CRISTO, AMÉN.

"PORQUE **NO TENEMOS LUCHA CONTRA SANGRE Y CARNE**, *SINO CONTRA* PRINCIPADOS, CONTRA POTESTADES, CONTRA LOS GOBERNADORES DE LAS TINIEBLAS DE ESTE SIGLO, CONTRA HUESTES ESPIRITUALES DE MALDAD EN LAS REGIONES CELESTES" (Ef. 6:2).

IGUAL QUE EL TORO, QUE EMBISTE FURIOSO CONTRA LA CAPA DEL TORERO, SIEMPRE TENEMOS LA TENTACIÓN DE IMAGINAR QUE NUESTRO ENEMIGO ES LA CAPA.

No se olvide:

SU COMPAÑERO DE TRABAJO, SU HERMANO ENOJADO, O SUS HERMANOS DE LA IGLESIA ¡NO SON SUS ENEMIGOS!

ENTENDIENDO ESTO, SE HACE MÁS FÁCIL AMAR Y PERDONAR.

PADRE SANTO: QUE EN ESTE DÍA LUCHE CONTRA MI **VERDADERO** ENEMIGO.

"*MAS ÉL, RESPONDIENDO, DIJO AL PADRE: HE AQUÍ, TANTOS AÑOS TE SIRVO, NO HABIÉNDOTE DESOBEDECIDO JAMÁS, Y NUNCA ME HAS DADO NI UN CABRITO PARA GOZARME CON MIS AMIGOS (...) ÉL ENTONCES LE DIJO: HIJO, TÚ SIEMPRE ESTÁS CONMIGO, Y TODAS MIS COSAS SON TUYAS*"
(Lc. 15:29, 31).

HAY MUCHOS HIJOS DEL REY
QUE VIVEN COMO UN SIERVO
POBRE Y DESCONOCIDO

Padre amado:
ABRE MIS OJOS PARA VER QUE, ANTE TODO,
SOY TU HIJO. POR CRISTO.

"**S**EAN VUESTRAS COSTUMBRES SIN AVARICIA, CONTENTOS CON LO QUE TENÉIS AHORA; PORQUE ÉL DIJO: NO TE DESAMPARARÉ, NI TE DEJARÉ" (Heb. 13:5).

¿SE HA DADO CUENTA DE QUE NUNCA ESTAMOS SATISFECHOS?

NO QUE DIOS NO QUIERA QUE PROSPEREMOS. SÓLO QUE NO QUIERE QUE SEAMOS ATRAPADOS EN UN APEGO SÓRDIDO Y DESMEDIDO A LOS BIENES, Y QUE ESTO NOS IMPIDA DISFRUTAR DE AQUELLO QUE DIOS YA NOS HA DADO.

DIOS DESEA QUE LE CONFIEMOS NUESTROS DESEOS. SIN DESESPERO, SABIENDO ESPERAR.

Padre: Te doy gracias por todo lo que me has dado, y por la certeza de que puedo confiar en ti.

"**N**O OS ACORDÉIS DE LAS COSAS PASADAS, NI TRAIGÁIS A MEMORIA LAS COSAS ANTIGUAS. HE AQUÍ QUE YO HAGO COSA NUEVA; PRONTO SALDRÁ A LUZ; ¿NO LA CONOCERÉIS?" (Is. 43:18,19a).

TODO EL MUNDO PUEDE ESTAR DE ACUERDO EN QUE LAS EXPERIENCIAS TRISTES NOS PUEDEN APRISIONAR AL PASADO...

SIN EMBARGO, LAS EXPERIENCIAS POSITIVAS TAMBIÉN PUEDEN APRISIONARNOS, SI CONSIDERAMOS QUE LAS GLORIAS DE ANTES PUEDEN IMPEDIR QUE NOS PONGAMOS A DISPOSICIÓN DE DIOS HOY.

¡¡¡Dios tiene cosas nuevas para usted!!!

Padre eterno:

QUITA DE MÍ TODO LO RANCIO DE LAS COSAS DEL PASADO. QUIERO ESTAR ATENTO PARA LO QUE TENGAS HOY PARA MÍ. QUIERO UNA UNCIÓN NUEVA PARA TU OBRA.

"DIOS,... EL CUAL DA VIDA A LOS MUERTOS, Y LLAMA LAS COSAS QUE NO SON, COMO SI FUESEN" (Ro. 4:17b).

¿A QUIÉN VA A OÍR USTED?

- USTED ES ALGUIEN AMADO.
- USTED FUE ESCOGIDO POR DIOS.
- USTED ES UN SANTO.
- USTED ES UN JUSTO.
- USTED TODO LO PUEDE.
- USTED ES HIJO DEL DIOS ALTÍSIMO.

- USTED NO VALE NADA.
- USTED NUNCA ACERTARÁ.
- USTED ES UN HIPÓCRITA.
- NADIE LO QUIERE.
- USTED NO TIENE NADA
- NUNCA LOGRARÁ SER UN CRISTIANO.

Padre:

TE DOY GRACIAS POR AMARME MUCHO ANTES QUE YO SINTIERA ALGO POR TI. TE AGRADEZCO POR DECLARARME JUSTO Y SANTO, Y POR TANTAS OTRAS COSAS BUENAS, NO POR MIS VIRTUDES, SINO POR LAS DE TU HIJO, QUE ME AYUDA A ANDAR EN TRIUNFO.

¿**O**IGNORÁIS QUE VUESTRO CUERPO ES TEMPLO DEL ESPÍRITU SANTO, EL CUAL ESTÁ EN VOSOTROS, EL CUAL TENÉIS DE DIOS, Y QUE NO SOIS VUESTROS? PORQUE HABÉIS SIDO COMPRADOS POR PRECIO; GLORIFICAD, PUES, A DIOS EN VUESTRO CUERPO Y EN VUESTRO ESPÍRITU, LOS CUALES SON DE DIOS" (1 Cor. 6:19,20).

FUMAR HACE MUCHO MAL...

¡BEBER DEMASIADO TAMBIÉN!

PERO...
COMIDA DE MERCADO TODOS LOS DÍAS TAMPOCO AYUDAN.

TRABAJAR DEMASIADO, O QUEDARSE ESTUDIANDO HASTA TARDE REGULARMENTE,

LLEVAR UNA VIDA SEDENTARIA, SIN EJERCICIOS,...

HARÁN MAL AL CUERPO Y AL **ESPÍRITU** TANTO COMO LA PROSTITUCIÓN...

DiOS DE AMOR: ENSÉÑAME A LLEVAR UNA VIDA SALUDABLE, PARA QUE TU ESPÍRITU, QUE VIVE EN MÍ, PUEDA USARME PLENAMENTE.

"**P**ERO HE AQUÍ QUE YO LA ATRAERÉ Y LA LLEVARÉ AL DESIERTO, Y HABLARÉ A SU CORAZÓN" (Oseas 2:14).

LA PEOR COSA, CUANDO DESEAMOS QUE NOS ESCUCHEN Y ATIENDAN, ES LLEVAR A ALGUIEN ESPECIAL A UN LUGAR CON MUCHOS ATRACTIVOS, QUE DESVÍEN SU ATENCIÓN.

ENTONCES NO DEBEMOS DESESPERARNOS CUANDO DIOS NOS LLEVA AL DESIERTO. ALLÍ, EN EL SILENCIO, SIN DISTRACCIÓN ALGUNA, DIOS PUEDE HABLARNOS ÍNTIMAMENTE, Y SER TODO PARA NOSOTROS.

Padre santo:
TE ALABO PORQUE EN TI HAY DELICIAS PERPETUAMENTE. POR ESO EN LOS DESIERTOS PUEDO CONOCER MÁS DE TU GRACIA Y AMOR.

T-E-N-G-A - C-U-I-D-A-D-O...
¿ESA IDEA ES DE DIOS?

"PERO SI TENÉIS CELOS AMARGOS Y CONTENCIÓN EN VUESTRO CORAZÓN, NO OS JACTÉIS, NI MINTÁIS CONTRA LA VERDAD; PORQUE ESTA SABIDURÍA NO ES LA QUE DESCIENDE DE LO ALTO, SINO TERRENAL, ANIMAL, DIABÓLICA. PORQUE DONDE HAY CELOS Y CONTENCIÓN, ALLÍ HAY PERTURBACIÓN Y TODA OBRA PERVERSA.

PERO LA SABIDURÍA QUE ES DE LO ALTO ES PRIMERAMENTE PURA, DESPUÉS PACÍFICA, AMABLE, BENIGNA, LLENA DE MISERICORDIA Y DE BUENOS FRUTOS, SIN INCERTIDUMBRE NI HIPOCRESÍA". (Stgo.. 3:14-17)

Dios amado:
QUE SEA SENSIBLE
PARA DISTINGUIR UNA DE LA OTRA. AMÉN.

"...NO PODRÁS HACER FRENTE A TUS ENEMIGOS, HASTA QUE HAYÁIS QUITADO EL ANATEMA DE EN MEDIO DE VOSOTROS" (Josué 7:13b).

CUANDO SALIMOS A LA BATALLA CONSERVANDO EN NOSOTROS COSAS QUE SABEMOS QUE DIOS DESAPRUEBA, QUEDAMOS DESPROVISTOS DE CUALQUIER ARMA Y PROTECCIÓN.

PADRE SANTO:
QUE NO HAYA EN MÍ ALGUNA COSA QUE NO TE AGRADE. LÍMPIAME, Y CREA EN MÍ UN ESPÍRITU DISPUESTO. POR CRISTO, AMÉN.

"PARA QUE NO HAYA DESAVENENCIA EN EL CUERPO, SINO QUE LOS MIEMBROS TODOS SE PREOCUPEN LOS UNOS POR LOS OTROS. DE MANERA QUE SI UN MIEMBRO PADECE, TODOS LOS MIEMBROS SE DUELEN CON ÉL, Y SI UN MIEMBRO RECIBE HONRA, TODOS LOS MIEMBROS CON ÉL SE GOZAN" (1 Cor. 12:25,26).

SI DUDA QUE TODA LA IGLESIA (EL CUERPO DE CRISTO) SUFRE CUANDO UN MIEMBRO ES ATACADO, ACUSADO U OFENDIDO...

HAGA LA PRUEBA:

- CASTIGUE SU PROPIA MANO (CUANDO ÉSTA SE EQUIVOQUE) Y VEA SI SU CUERPO SUFRE O NO.

Padre amado:

ENSÉÑAME A GUARDAR MI LENGUA DE ACUSAR A MIS HERMANOS, HABLANDO DE MODO INJURIOSO CONTRA ELLOS. QUE SEA CELOSO CON LA HONRA DE TU IGLESIA. POR JESUCRISTO, AMÉN.

" PORQUE DEL SEÑOR ES LA TIERRA Y SU PLENITUD "

(1 Cor. 10:26).

A veces parece que el enemigo es el creador de todo, y Dios el usurpador. Sin darnos cuenta, acabamos prestando más atención al enemigo y sus acciones que a la meditación en el poder y la gracia del Padre que está en nosotros.

Dios de poder:

GRACIAS TE DOY PORQUE NO TENGO QUE VIVIR ATEMORIZADO, NI ARRINCONADO. TODA BUENA DÁDIVA Y TODO DON PERFECTO VIENE DE TI. ¡QUE NO TENGA OJOS PARA OTRA COSA!

"*P*ORQUE POR UN SOLO ESPÍRITU FUIMOS TODOS BAUTIZADOS EN UN CUERPO, SEAN JUDÍOS O GRIEGOS, SEAN ESCLAVOS O LIBRES; Y A TODOS SE NOS DIO A BEBER DE UN MISMO ESPÍRITU. ADEMÁS, EL CUERPO NO ES UN SOLO MIEMBRO, SINO MUCHOS" (1 Cor. 12:13,14).

- ¡USTED NO ES DE MI IGLESIA!

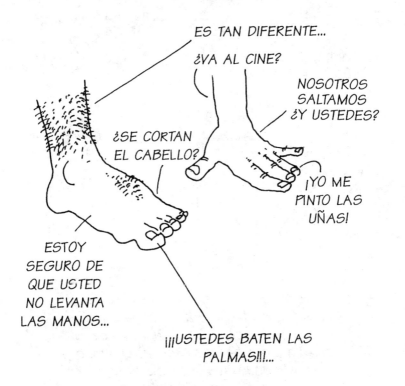

ES TAN DIFERENTE...

¿VA AL CINE?

NOSOTROS SALTAMOS ¿Y USTEDES?

¿SE CORTAN EL CABELLO?

¡YO ME PINTO LAS UÑAS!

ESTOY SEGURO DE QUE USTED NO LEVANTA LAS MANOS...

¡¡¡USTEDES BATEN LAS PALMAS!!!...

Señor amado:

QUE HOY HONRE A TODOS LOS QUE PROFESAN TU NOMBRE, COMO HERMANOS, NO IMPORTA QUE EN DETALLES SEAN DIFERENTES A MÍ.
Por el Señor de la iglesia. Amén.

"**P**ORQUE NO NOS HA DADO DIOS ESPÍRITU DE COBARDÍA, SINO DE PODER, DE AMOR Y DE DOMINIO PROPIO" (2 Ti. 1:7).

• ¿MIEDO DE LAS CIRCUNSTANCIAS, O DEL FRACASO?

• ¿FALTA DE PODER PARA REALIZAR LA VOLUNTAD DE DIOS, O PARA REALIZAR LOS CAMBIOS NECESARIOS?

• ¿FALTA DE AMOR, QUE DEBE SER NUESTRA MAYOR CARACTERÍSTICA?

• ¿FALTA DE EQUILIBRIO EN SUS RELACIONES, O EN SUS EMOCIONES?

El problema tal vez no sea falta del Espíritu que Dios nos ha dado, sino de nuestra falta de sumisión a Él.

Dios Amado:
QUE ME SOMETA TOTALMENTE A TI. AMÉN.

"**A**SÍ QUE, NINGUNO DE VOSOTROS PADEZCA COMO HOMICIDA, O LADRÓN, O MALHECHOR, O POR ENTREMETERSE EN LO AJENO; PERO SI ALGUNO PADECE COMO CRISTIANO, NO SE AVERGÜENCE, SINO GLORIFIQUE A DIOS POR ELLO" (1 P. 4:16,17).

MALDITA SEA, SÓLO PORQUE NO FUI LA SEMANA PASADA AL CAMPAMENTO DE LA IGLESIA, ¡SUFRÍ UN GRAN REGAÑO!

BIEN DICE LA BIBLIA: "NO SOMOS DE ESTE MUNDO..."

¡HOLA, BUENA GENTE!...

ESE PUEBLO QUE VA RUMBO AL INFIERNO NO ES CAPAZ DE RECONOCER UNA MANO AMIGA...

SEÑOR:

QUE PUEDA SER HOY UNA EXPRESIÓN DE TU GRACIA A TODOS LOS QUE ENCUENTRE, Y QUE SEPA COMPORTARME COMO LO HARÍA JESÚS. EN SU NOMBRE, AMÉN.

"SOLÍCITOS EN GUARDAR LA UNIDAD DEL ESPÍRITU EN EL VÍNCULO DE LA PAZ; UN CUERPO, Y UN ESPÍRITU, COMO FUISTEIS TAMBIÉN LLAMADOS EN UNA MISMA ESPERANZA DE VUESTRA VOCACIÓN; UN SEÑOR, UNA FE, UN BAUTISMO, UN DIOS Y PADRE DE TODOS, EL CUAL ES SOBRE TODOS, Y POR TODOS, Y EN TODOS" (Ef. 4:3-6).

¡UNION NO SIGNIFICA UNIDAD!

UNIDAD QUIERE DECIR RESPETO Y ACUERDO EN LO QUE NO SEA CIRCUNSTANCIAL; ES ASPIRAR A LA MISMA META. LA UNIÓN PUEDE SATISFACER A LA VISTA PERO PUEDE ESCONDER SERIAS DIVERGENCIAS.

PARA CUIDAR LA UNIDAD ES NECESARIO ATENERNOS A LO ESENCIAL, Y APLICAR EL AMOR EN LO PERIFÉRICO DE NUESTRA FE.

Señor de la Iglesia:

BENDÍCENOS A MIS HERMANOS Y A MÍ CON SABIDURÍA, PARA QUE ATENDAMOS A LO QUE NOS UNE, Y NO A LO QUE NOS DIFERENCIA.

" **T**E HARÉ ENTENDER, Y TE ENSEÑARÉ EL CAMINO EN QUE DEBES ANDAR; SOBRE TI FIJARÉ MIS OJOS" (Sal. 32:8).

¿Y AHORA?...

NUESTRO PROBLEMA NO ESTÁ EN LA POSIBILIDAD DE QUE DIOS NO VEA BIEN, AL GRADO DE NO SABER DIRIGIR NUESTROS PASOS...

SINO EN QUE NO SIEMPRE ESTAMOS DISPUESTOS A EXPONER ANTE ÉL NUESTRA VIDA, SENTIMIENTOS Y ACCIONES.

Señor mi Dios:

EXAMÍNAME, OH PADRE, VE SI HAY EN MÍ ALGÚN CAMINO MALO. QUIERO SIEMPRE OÍR TU VOZ. DIRÍGEME. POR JESUCRISTO.

*" **Y** NO HIZO ALLÍ MUCHOS MILAGROS, A CAUSA DE LA INCREDULIDAD DE ELLOS"*
(MT. 13:58).

Dios ya no es el mismo...

DIOS YA NO ES EL MISMO...ES MUCHO MÁS FÁCIL TOMARSE UNA ASPIRINA CUANDO EL DOLOR ES FUERTE.

TAMBIÉN ES MUCHO MÁS RÁPIDO TOCAR LA PUERTA DE LOS BANCOS PARA LOGRAR ESA OPORTUNIDAD.

COMO TAMBIÉN ES MÁS FÁCIL CONDENAR A TODO EL MUNDO **"QUENOQUIERENADACONDIOS"** POR LOS BANCOS VACÍOS DE NUESTRAS REUNIONES.

Cuando estamos dispuestos a tomar como verdad todo lo que Dios hace y dice en su Palabra, Él obra hoy, como siempre lo ha hecho.

PADRE: PERDÓNAME POR MI FALTA DE FE. SÉ QUE SIN ELLA NO PUEDO AGRADARTE, POR ESO, QUIERO ESTAR DISPUESTO SIEMPRE A CREER. POR JESUCRISTO, AMÉN.

" **N**O OS OLVIDÉIS DE LA HOSPITALIDAD, PORQUE POR ELLA ALGUNOS, SIN SABERLO, HOSPEDARON ÁNGELES" (Heb. 13:2).

CUANDO ABRIMOS NUESTRA CASA PARA HOSPEDAR...

O CUANDO ECHAMOS MANO DE NUESTRA COMODIDAD PARA AMPARAR Y SOCORRER A LAS PERSONAS

DIOS VA A HONRAR SU GESTO, DERRAMANDO SOBRE USTED BENDICIONES SIN MEDIDA. (COMO SI SE LO HUBIERA HECHO A ÉL, EN PERSONA)

PADRE:

QUE NO ESCATIME EN SERVIR A OTROS. SÉ QUE CUANTO MÁS DOY TANTO MÁS TENGO. POR TU GRACIA.

-COMPROBACIÓN
o... una revisión de los 20 mil kilómetros.

☐ ¿HA NOTADO EN SU VIDA ALGUNA FACILIDAD PARA RECORDAR OFENSAS?

☐ ¿SERÁ QUE PERCIBIÓ EN USTED UNA DISPOSICIÓN PARA HABLAR SEVERAMENTE O JUZGAR DELIBERADAMENTE A OTROS?

☐ ¿HA PERDIDO EL INTERÉS POR LA COMUNIÓN DE LOS HERMANOS?

☐ ¿NOTÓ QUE HA DESCUIDADO EL ALTAR FAMILIAR?

☐ ¿SERÁ QUE HA TENIDO MÁS MIEDO DE LA GENTE Y DE LAS SITUACIONES ADVERSAS?

⇒ Si percibió algunos de estos síntomas, ¡cuidado! Es hora de procurar a su médico.

"SI CONFESAMOS NUESTROS PECADOS, ÉL ES FIEL Y JUSTO PARA PERDONAR NUESTROS PECADOS, Y LIMPIARNOS DE TODA MALDAD" (1 Juan 1:9).

"**T**ODO LO QUE TE VINIERE A LA MANO PARA HACER, HAZLO SEGÚN TUS FUERZAS; PORQUE EN EL SEOL, ADONDE VAS, NO HAY OBRA, NI TRABAJO, NI CIENCIA, NI SABIDURÍA" (Ec. 9:10).

¿QUÉ TIENE EN SUS MANOS?

¿Tiempo?

¿Fuerza?

¿Recursos?

¿Visión?

¿Ideas?

¿Privilegios?

¿Experiencia?

¿Sueños?

¿Dones?

Señor amado: QUE SEA UN SIERVO BUENO Y FIEL PARA LA GLORIA DE TU NOMBRE.

"**Y** HARÉ CON ELLOS PACTO ETERNO, QUE NO ME VOLVERÉ ATRÁS DE HACERLES BIEN, Y PONDRÉ MI TEMOR EN EL CORAZÓN DE ELLOS, PARA QUE NO SE APARTEN DE MÍ" (Jer. 32:40).

Señor:
Es maravilloso conocer tu gracia, que me alcanzó y me une a ti. Por eso te alabo y me siento seguro. Pase lo que pase. Aleluya.

SOBRE EL AUTOR...

Rubén Pirola Filho, o Rubino, nació en Adamantina - SP, se educó en publicidad y mercadeo en ESPM, en Sao Paulo, y se trasladó a Uberlandia, Minas Gerais, donde fue uno de los fundadores del Grupo Sal de la Tierra y de la Misión que lleva el mismo nombre. Desde 1985 da clases de historietas y diseño gráfico en la Universidad Federal de Uberlandia. Fue uno de los pioneros de historietas evangélicas en Brasil, habiendo editado, junto con Paulo Goncalves Borges Junior, "Las historias de Juvenal", en la extinta revista ELO. A través de su ministerio ha colaborado con diversas publicaciones, campañas de carácter comunitario, misiones e iglesias, además de editar folletos evangelísticos y caricaturas. Últimamente ha dado charlas y consultoría sobre mercadeo social y comunicación para la Iglesia Evangélica y ha investigado sobre estrategias de evangelismo. Trabajó en este campo para la iglesia en Portugal durante 1993.